Mira dentro/Look Inside

Mira dentro de un iglú

Look Inside an Igloo

por/by Mari Schuh

Editora consultora/Consulting Editor: Gail Saunders-Smith, PhD

Consultora/Consultant: Nadine Fabbi,
Directora Adjunta Centro de Estudios Canadienses/Associate Director Canadian Studies Center
Jackson School of International Studies
University of Washington, Seattle, Washington

CAPSTONE PRESS
a capstone imprint

Pebble Plus is published by Capstone Press,
1710 Roe Crest Drive, North Mankato, Minnesota 56003.
www.capstonepub.com

Library of Congress Cataloging-in-Publication Data
Schuh, Mari C., 1975–
 [Look inside an igloo. Spanish & English]
 Mira dentro de un iglú = Look inside an igloo / por Mari Schuh.
 p. cm.—(Pebble Plus bilingüe/bilingual. Mira dentro/Look inside)
 Summary: "Simple text and photographs present igloos, their construction, and their interaction with the
environment—in both English and Spanish"—Provided by publisher.
 Includes index.
 ISBN 978-1-4296-6912-2 (library binding)
 1. Igloos—Juvenile literature. 2. Eskimos—Dwellings—Juvenile literature. I. Title. II. Title: Look inside an igloo.
III. Series.
 E99.E7S34915 2012
 693'.91—dc22   2011000656

Editorial Credits
Megan Peterson, editor; Strictly Spanish, translation services; Renée T. Doyle, designer; Danielle Ceminsky,
    bilingual book designer; Wanda Winch, media researcher; Laura Manthe, production specialist

Photo Credits
AccentAlaska.com, 13
Alamy/Danita Delimont/Cindy Miller Hopkins, 17; Westend 61/Klaus Mellenthin, 11
Getty Images Inc./Stone/Wayne R. Bilenduke, 19, 21; Taxi/Jeri Gleiter, 5
Peter Arnold/Steven Kazlowski, 7
Photolibrary.com/Yvette Cardozo, 15
Shutterstock/Kristy Pargeter, cover (snowflake background), 3; Princess Lola, 24; Tyler Olson, 1, 22–23
SuperStock, Inc./SuperStock, cover (igloo), 9

Note to Parents and Teachers

The Mira dentro/Look Inside set supports national social studies standards related to
people, places, and culture. This book describes and illustrates igloos in both English and
Spanish. The images support early readers in understanding the text. The repetition of
words and phrases helps early readers learn new words. This book also introduces early
readers to subject-specific vocabulary words, which are defined in the Glossary section.
Early readers may need assistance to read some words and to use the Table of Contents,
Glossary, Internet Sites, and Index sections of the book.

Printed in the United States of America in Stevens Point, Wisconsin.
092013   007725R

Table of Contents

Tabla de contenidos

What Is an Igloo?

An igloo is a dome made of snow and ice. Most Inuit people lived in igloos during cold Arctic winters.

¿Qué es un iglú?

Un iglú es un domo hecho de nieve y hielo. La mayoría del pueblo inuit vivía en iglús durante los inviernos fríos del Ártico.

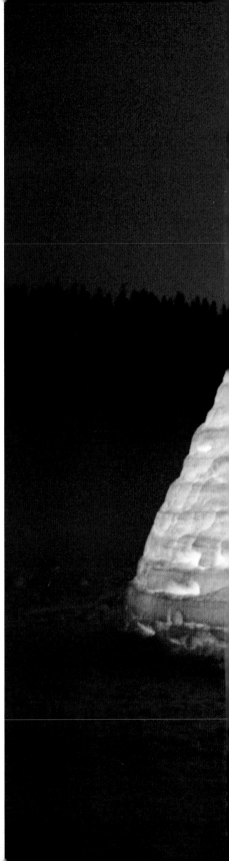

Building an Igloo

To build an igloo, the Inuit

first cut blocks of hard snow.

They used tools made of bone.

Cómo construir un iglú

Para construir un iglú,

los inuit primero cortaban

bloques de nieve compacta.

Ellos usaban herramientas

hechas de hueso.

The Inuit stacked the snow
blocks in a circle. Then they
packed soft snow between
the blocks.

Los inuit apilaban los bloques
de nieve en un círculo. Luego,
ellos colocaban nieve blanda
entre los bloques.

The Inuit cut out a doorway. Then they built a tunnel with snow blocks. The door and tunnel kept out animals, wind, and snow.

Los inuit cortaban una entrada. Luego, ellos construían un túnel con bloques de nieve. La entrada y el túnel mantenían afuera a los animales, el viento y la nieve.

tunnel/túnel

doorway/entrada

A block of clear ice was used for a window. The ice let in light from the sun, moon, and stars.

Un bloque de hielo claro se usaba como ventana. El hielo dejaba entrar la luz del Sol, de la Luna y de las estrellas.

window/ventana

The snow blocks turned
to ice. The igloo became
a strong home.

Los bloques de nieve
se convertían en hielo.
El iglú se transformaba
en un hogar fuerte.

Inside an Igloo

An oil lamp burned seal fat for heat and light. Smoke flowed out an airhole in the top of the igloo.

Dentro de un iglú

Una lámpara de aceite quemaba grasa de focas para calentar e iluminar. El humo salía por un agujero en el techo del iglú.

The Inuit slept on soft beds
made from caribou hides.
They were warm and safe
inside their igloo.

Los inuit dormían en camas
blandas hechas de pieles de
caribú. Ellos estaban calientes
y seguros dentro de su iglú.

Igloos Today

Today the Inuit live in houses. Some Inuit build igloos during long hunting trips. Igloos are an important part of Inuit culture.

Los iglús hoy

Hoy, los inuit viven en casas. Algunos inuit construyen iglús durante viajes largos de cacería. Los iglús son una parte importante de la cultura de los inuit.

Glossary

Arctic—the frozen area around the North Pole

caribou—a large member of the deer family

culture—a people's way of life, ideas, customs, and traditions

dome—a structure shaped like half of a ball

Inuit—a native person, or a group of native people, from the Arctic north of Canada, Alaska, Greenland, and Russia

seal—a sea mammal that has thick fur and flippers

stack—to pile things up, one on top of another

Internet Sites

FactHound offers a safe, fun way to find Internet sites related to this book. All of the sites on FactHound have been researched by our staff.

Here's all you do:

Visit www.facthound.com

Type in this code: 9781429669122

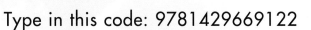

Glosario

apilar—amontonar cosas, una encima de la otra

el Ártico—el área congelada alrededor del Polo Norte

el caribú—un miembro grande de la familia de los venados

la cultura—la manera de vida de un grupo de personas y sus ideas, costumbres y tradiciones

el domo—una estructura con forma de la mitad de una pelota

la foca—un mamífero marino que tiene piel gruesa y aletas

el inuit—una persona nativa, o grupo de personas nativas del norte ártico de Canadá, Alaska, Groenlandia y Rusia

Sitios de Internet

FactHound brinda una forma segura y divertida de encontrar sitios de Internet relacionados con este libro. Todos los sitios en FactHound han sido investigados por nuestro personal.

Esto es todo lo que tienes que hacer:

Visita *www.facthound.com*

Ingresa este código: 9781429669122

¡Algo súper divertido! Hay proyectos, juegos y mucho más en **www.capstonekids.com**

Index

Índice